AF222921

Günther Müller

- Historik -

- Phoesie -

- Lyrik -

- Geschichte - Gedichte - Erzählungen in Gedichts -Form -

Herstellung und Verlag
Books on Demand GmbH, Norderstedt
Alle Rechte liegen beim Hersteller:
Günther Müller, 29571 R o s c h e .

I S B N : 978-3-8334-7295-4

Inhaltsverzeichnis (Seiten 4 bis 53)

Der zweite Weltkrieg
(Erzählt von unserem Opa)

Wir waren über die Feiertage drei Tage bei Oma und Opa in Rosche.
Haben unserem Opa gefragt, ob Er uns etwas über den zweiten Weltkrieg
erzählen könnte. Opa meinte, ja ihr Lieben, das ist gar nicht so einfach.
Es ist ja schon so viel darüber geschrieben worden, eigentlich sollte man
viel mehr über den Frieden schreiben.
Aber gut, wenn es nicht zu historisch zu sein braucht, will ich Euch gerne
aus meiner Sicht über diese Zeit erzählen. Möchte diese Erzählungen in
drei Episoden einteilen.
Beginnen wir mit der Vorgeschichte, dann kommt der Krieg und dann
zum Schluß die Nachkriegszeit mit den Folgen für uns Deutsche.
Hier nun die Vorgeschichte die sicher mit Anlaß zum Krieg war.
Der erste Weltkrieg wurde, wie bekannt, von Deutschland verloren.
Die Siegermächte haben danach in Versailes, ja man kann es so sagen,
einen Knebelvertrag auf gesetzt. Man wollte Deutschland so klein
kriegen, daß es sich so schnell nicht wieder erholen sollte.
Wie es sich aber später herausstellte, haben sich die Sieger auf die
Dauer selbst geschadet.
Neben den finanziellen Reperationskosten wurden die kompletten
Industrieanlagen bei uns demontiert und in die Siegerländer verbracht.
Es gab die große Geldentwertung mit Inflation und hoher Arbeitslosigkeit.
Dieses alles war mit der Nährboden für den Nationalsozialismus mit
seinem Führer Adolf Hitler. Sie haben es verstanden die Jugend zu
begeistern und den Wiederaufbau in Gang zu bringen. Positiv war hier
auch, daß die Industrie wieder komplett neu aufgebaut werden konnte.
Durch diese, nun modernen Maschinen und den Aufbauwillen der
Deutschen, ging es schnell wieder voran. Natürlich wurde auch heimlich
wieder aufgerüstet. Wie schon gesagt, besonders die Jugend konnte
begeistert werden und Deutschland, oder besser gesagt die Partei, fühlte
sich schon wieder stark genug um Gebietsansprüche zu stellen.
So wurde das Saarland, Oestereich und auch die Cheschoslowakei,
das spätere Böhmen und Mähren „ heim ins Reich „ geholt.
Danach kam es sogar zum „Gipfeltreffen" von Hitler mit seinem
Genossen, dem Italiener Mussolinie, und den Führern von Frankreich
Daladieu und England Chamberlein.
Alles schien danach in Ordnung zu sein. Leider war dies eine Täuschung
von Hitler, der sich wohl nur den Rücken, für seine Agitationen im Osten,
frei halten wollte. Bald ging es da dann auch los.
Es gab laufend Ärger mit den Polen wegen des Korridors, der ja durch
polnisches Gebiet lief und die Verbindung zwischen „Reich" und
Ostpreußen her stellte. Dieser Korridor war und blieb der Zankapfel.

Er war wohl auch mit der Grund für den Beginn des Krieges.
Es wurde so lange auf beiden Seiten hin und her gehetzt bis es
anscheinend wohl nicht mehr friedlich weiter ging.
Dies war jedenfalls für Hitler Anlaß genug den Polen den Krieg zu
erklären, der dann Anfang September begann und letztendlich 5 ½ Jahre
dauern sollte.
Dieser Polenfeldzug ging schnell zu Ende und war nach 18 Tagen vorbei.
Zum Ende haben sogar die Russen uns Deutsche unterstützt und sind
auch in Polen einmarschiert. Es gab damals noch einen Nichtangriffspakt
zwischen Deutschland und Rußland, ausgehandelt vom damaligen
Außenminister Ribbentrop,
Mit dem Kriegsbeginn in Polen hatten uns sofort England und Frankreich
den Krieg erklärt.
Hitler fühlte sich wohl durch den schnellen Sieg in Polen so stark, das Er
weiter schürte. Die Schande von Versailes mußte in seinen Augen getilgt
werden. Deutschland und Frankreich waren ja damals auch noch
Erbfeinde und hatten schon einige Kriege gegeneinander geführt.
So dauerte es gar nicht lange und es gab an der französischen Grenze
Plänkeleien.
Plötzlich, und so schnell wie im Polenkrieg, begann der Frankreich -
Feldzug. Auch der dauerte nicht so sehr lange und Frankreich war, bis auf
einen kleinen Teil zur spanischen Grenze hin, besetzt. Es sah damals
auch so aus, als ob Hitler sich mit den Engländern einigen wollte.
Gewissermaßen als Vorleistung lies Er nämlich seine Panzer vor
Dünkirchen halten so daß die englische Endsatzarmee komplett nach
England übersetzen konnte. Es ging das Gerücht um , daß Hitler sich mit
den Engländern gegen die Russen verbünden wollte. Jedenfalls hatte
England dieses wohl abgeschlagen.
Sie hatten insofern auch Glück, das Hitler nicht auf seine Generäle gehört
hatte, die bei Dünkirchen gleich nach England übersetzen wollten und die
englische Armee gefangen genommen hätten.
Deutschland war inzwischen vom Welthandel überwiegend abgeschnitten
und mußte nun allmählich für Nachschub sorgen. Oel gab es zum
Beispiel in Norwegen und Lybien. Dies war Grund genug auch dort ein zu
marschieren. Im Schnellgang wurden Dänemark und Norwegen überrollt.
Deutschland kam allerdings damit den Engländern zuvor, die auch
Norwegen besetzen wollten.
In Lybien standen sich Engländer und Deutsche direkt gegenüber.
Die berühmten Generäle Rommel, auf unserer Seite und Montgomerie
bei den Engländern machten sich hier das Leben schwer. Es gab die
ersten Rückschläge für das Afrikakohr und auch im Führerhauptquartier
lief wohl Einiges schief. Hitler fühlte sich wohl trotzdem als „unfehlbarer
Feldherr" und überfiel die Balkanstaaten. So wurden die Kräfte der
Wehrmacht allmählich zersplittert.

Zu allem Wahnsinn fing Hitler, unter der fadenscheinigen Begründung den Komunismus zerschlagen zu wollen, mit Rußland den Krieg an. Hierzu möchte ich einmal eine Diskussion mit meinen späteren Mitzivilgefangenen den russischen „Wlassowleuten" wieder geben. Es war im Lager „Ossanowa", ca, 200 km östlich von Moskau. Diese jungen russischen Männer, meist ehemalige Studenten, haben zu mir gesagt:" Du Günther, Euer Hitler war zu blöd! Wir hätten unter unserem General Wlassow gut Zweimillionen Leute aufstellen können, die alleine den verhaßten Komunismus zerschlagen hätten. Allerdings müßten dann eure Parteibonzen versprechen und halten, daß wir unsere Bauernhöfe und Häuser wieder bekommen hätten . Statt dessen gab es für uns kaum Waffen und keinerlei Unterstützung." (Hierzu habe ich in meinem Buch „ Als Jugendlicher 1945 nach Rußland verschleppt" einiges geschrieben .)

Der Angriff auf Rußland war aber der Anfang vom Ende. Höre noch meinen Vater sagen, als im Radio die Kapitulation von Stalingrad verkündet wurde ; „ So mein Jung nun haben wir den Krieg verloren" Als ich da noch etwas zweifelnd drein schaute meinte Er : „ Schau Dir doch mal den Weltatlas an, dies kleine Deutschland gegen die ganze Welt, das kann auf die Dauer nicht gut gehen", Vater sollte Recht behalten.
In Afrika wurde die deutsche Armee allmählich aufgerieben. General Rommel hat man an die Westfront versetzt wo Er die Alliierten , die in einer großen Offensive dabei waren Frankreich zurück zu erobern , wieder zurück werfen sollte. Inzwischen hatte sich auch im Generalstab Wiederstand gegen Hitler aufgebaut. Auch Rommel soll dazu gehört haben. Mysterieus war jedenfalls sein Flugzeugabsturz und ziemlich zwielichtig das „Staatsbegräbnis" für Ihn.
In Rußland fing die Front an zu stocken. Ab der Einkesselung der 6. Armee in Stalingrad und deren Kapitulation ging es an der Ostfront langsam rückwärts. Die deutschen Truppen sind hier im Süden Rußlands zu schnell vor gestoßen. Hitler wollte wohl schnell zu den Oelfeldern hinter den Kakasus denn das Oel wurde inzwischen sehr knapp.
Er soll sogar dort an eine Vereinigung mit den Türken gedacht und auf deren Unterstützung gehofft haben.
Das „Kriegsglück" hat sich also gewandelt. Die Ostfront ging langsam aber sicher in Richtung unsere Heimat zurück . Ich war zu dieser Zeit sogar noch ein überzeugter deutscher Junge und hatte mich, wie viele andere Jungen auch, freiwillig gemeldet. Wurde als Offiziersbewerber bei der Luftwaffe angenommen und begann mit der Ausbildung an der Segelflugschule Rossitten. In diese Zeit, am 20. Juli, fiel dann auch der Anschlag von Staufenberg auf Hitler. Sofort tauchten Propagandaoffiziere vom Luftgaukomando 1 aus Königsberg auf um uns „auf zu richten".

Dies war auch wohl nötig denn inzwischen wurden wir schon etwas skeptisch.

Schon vorher in der Schule , als wir täglich auf einer Rußlandkarte mit kleinen Fähnchen den Rückzug unserer Wehrmacht festhalten mußten, kamen mir die ersten Zweifel. Unser Rektor sprach da immer von „Frontbegradigungen. „

Die Segelflugschule mußten wir dann bald räumen, sie wurde Feldflugplatz. Mit vielen anderen Jugendlichen habe ich dann noch tüchtig geschippt und in Schirpitz bei Thorn Verteidigungsanlagen gebaut.

Am 23. Januar sind wir vor den Russen geflüchtet, wurden aber schon am nächsten Tag von Ihnen eingeholt. Für meinen Vater und mich ging es am 2. Februar in russische Zivilgefangenschaft. Mein Vater wurde schwer krank und in Moskau ausgeladen. Seitdem haben wir uns verloren.

Als ich am 1. Oktober 1946 aus der Gefangenschaft entlassen wurde, war unsere schöne Heimat zerteilt. - Wieder einmal haben uns die Siegermächte bestraft. -

Der Komunismus in Gestalt der SED in der damaligen DDR hatte sich in Mitteldeutschland etabliert und ist erst nach 45 Jahren bei der Wiedervereinigung im Herbst 1990 endgültig Pleite gewesen.

Uns geht es eigentlich doch Allen recht gut und doch wird die Menschheit nicht schlauer.

Überall auf der schönen Erde wüten Kriege. Egal ob Kapitalismus oder Komunismus, man könnte doch friedlich miteinander zusammen leben!

So lange sich aber sogar die einzelnen Glaubensrichtungen nicht vertragen und einig sind keimt wenig Hoffnung auf.

----Wann wird die Menschheit endlich schlau und friedlich??? ---

Günther Müller, 29571 Rosche.

Lieber Papa.

Deinem Geschenk damit man Dich erreiche,
fehlt zum Loslegen nur noch `ne Weiche.

Ein Handgriff und es wird problemlos funktionieren,
und Du kannst faxen und kopieren..

Wir haben uns gedacht,
das so ein Fax Dir Freude macht.
Es kann zudem noch Kosten senken
und darum wollen wir`s Dir schenken.

Es macht erreichbar und Du bist flexibel,
es ist wie `n Bild, das hält besser mit Dübel.

Wenn Du dann berühmt bist
können wir wenigstens sagen,
wir haben einwenig dazu beigetragen.

Alles Liebe und Gute zu Deinem Geburtstag wünschen Dir:
Hartmut,Steffi
Mutti   Heidi,Uwe
Harald,Angela,Jonas,Maria
Holger,Katja,Anna
Helga,Maren.Ole,Skrollan

- Was ist Heimat --- Wo ist Heimat ?

Heimat erklärt kein gesprochenes Wort -
Heimat sind Glocken, die dich grüßen vor Ort!

Heimat ist dort, wo die Wiege dir stand,
Heimat ist dort, wo die Väter bebauten das Land!

Heimat sind glückliche Mütter voll Liebreiz und Charme,
Heimat sind fröhliche Kinder in ihrem Arm!

Heimat ist, wo du kennst jeden Weg, jeden Baum,
Heimat sind Nachbarn, auf die du kannst bau`n!

Heimat ist Sprache, die jeder versteht und auch spricht,
Heimat ist dort, wo die Jugend dem Alter bringt Licht!

Heimat ist Glaube, Versteh`n und Vertrau`n,
Heimat ist Freiheit - für zeit und für Raum!

Heimat ist Hoffnung, ist Stärke und Kraft,
Heimat ist Liebe, die all dieses schafft! - Paul Janzen, 50259 Pulheim.

- Grüße an die Heimat der Kindheit -

Heimat - dieses Wort klingt in mir wie ein verzweifelt Gebet !
Das kann nur verstehen, wer früh die Heimat verloren
und zu beten versteht.
Ist die Heimat verloren, fällt das Beten oft schwer -
doch ohne Heimat bleibt jedes Leben stets leer!
Ein Mensch ohne Heimat ist wie ein verlassenes Kind,
ist wie ein Blatt, das vom Baum weht bei eisigem Wind!
Bewahre die Heimat im Herzen, sprich ein stilles Gebet -
such einen Stern dir, der am Himmel hoch steht !
Er sendet dann Grüße, weit über`s Land -
hin in die Heimat, die als Kind du gekannt !

Paul Janzen, 50259 Pulheim (früher Wargels , Kreis Stuhm
)

1.) Die ersten Jahr im Leben
   die gehen viel zu schnell vorbei.
   Viel Freud sie uns gegeben
   machten glücklich uns und frei.

2.) In Haus und Hof wir spielten
   da Räuber und Gendarm.
   Für große Kerl uns hielten
   mit breiter Brust und starkem Arm.

3.) Doch dann die Schulzeit bald begann
   die Lehrer wollten sehr viel wissen .
   Gespielt wurd nur noch dann und wann
   wenn wir den Ranzen in die Ecke schmissen.

4.) Allmählich beginnt der Ernst des Lebens
   die Sorgen da stets größer werden.
   Auf Nachsicht hoffen wir vergebens
   so gehts halt zu auf dieser Erden.

5.) Als wir dann dreizehn Jahre sind
   gehts auf die höhre Lehranstalt.
   Fühlen uns nicht mehr als Kind
   zum spielen fühln wir uns zu alt.

6.) Wir schon zu den Mädels schaun
   finden sie ganz interessant.
   Zu mehr wir uns jedoch nicht traun
   hätten die Finger uns verbrannt.

7.) Ein Mädel später sagt ganz schnöd
   ihr ward zwar kräftige Rangen.
   Doch leider zu uns viel zu blöd
   mit euch war gar nichts anzufangen.

8.) Im Nachhinein man muß dies hören
   hät früher es man uns gesagt.
   Dann könnten sie sich kaum beschweren
   hätten uns an sie dann rann gemacht.

9.) Ja ja die schöne Jugendzeit
   recht viel man da doch kann bereuen.
   Zu manchem war`n wir schon bereit
   doch schüchtern taten wir uns scheuen.

10.) Allmählich aber doch begann
   die schöne Zeit der ersten Liebe.
   So ganz leise dann und wann
   man gern bei einem Mädel bliebe.

11.) So denken wir doch gern zurück
   an unsere schöne Jugendzeiten
   Sie war für uns ein großes Glück
   gern ließen wir uns von ihr begleiten. G. Müller, 29571 Rosche

Erinnerungen - Einsamkeit.

1.) Die Jugendzeit, ja das ist klar,
    nie so richtig einsam war.
    Immer Bewegung, keine Ruh,
    da ging`s schon immer hastig zu.

2.) Doch ein einz`ges mal beim hüten,
    da legt ich mich faul in das Gras,
    wo einsam einige Blümlein blühten
    die manchmal auch ein Schaf abfraß.

3.) Mein Ohr preßt ich da auf die Erde,
    langsam umher die Tiere gehen;
    ruhig äßt die große Herde
    mir war`s als wenn sie mich verstehen.

4.) Das Gras dicht neben mir sie rupften,
    ein gleichmäßig , ruhiges Geräusch;
    ganz freche an der Hose zupften,
    mit tat`s gefall`n, sicher auch Euch.

5.) Vertraut schaun mich die Tiere an
    grummeln gemütlich vor sich hin;
    so man Ruhe finden kann
    weil ich so recht zufrieden bin.

6.) Dreh mich dann auf meinen Rücken,
    Schau und hör zum Himmel rauf;
    sehe mit Freude und entzücken
    ne` Lerche, trillernd steigt sie auf.

7.) Dies Bild wird mir vor Augen bleiben,
    die trauten Tiere, klare Luft;
    solch Bilder kann man nie vertreiben
    oft man sie in Erinnerung ruft.

8.) Wenn später dann die Hast des Lebens
    es gar zu stürmisch mit mir meint,
    denk ich zurück - und nie vergebens,
    dies schöne ruhige Bild das bleibt.

Günther Müller, 29571 Rosche

Wargelssee - Erinnerungen

1.) In schöner Landschaft liegt der See
   an seinem Ufer hab ich oft gesessen.
   Im Geist ihn immer vor mir seh,
   so leicht kann ich ihn nicht vergessen.

2.) Saß da entspannt am Uferstrand
   gelehnt an einen Weidenbaum,
   erhielt Natur aus erster Hand
   viel schöneres, mein ich, gibt es kaum.

3.) Hab vielen Tieren zugesehen,
   bei ihrem emsig treiben
   und kann sie deshalb gut verstehn,
   weshalb sie gern hier bleiben.

4.) Ruhig liegt der große See
   ein Schwanenpaar zieht seine Kreise.
   Beim Nestbau Graureiher ich seh ,
   die Welln des Wassers plätschern leise.

5.) Blesshühner ziehn am Ufer lang
   putzig die Jungen hinterher,
   sie sind recht flink und garnicht bang
   spielend schwimn sie kreuz und Quer.

6.) Bachstelz und Kiebitz seh ich da
   am Teich dort in den Auen.
   Kleine Spitzmäuse ganz nah
   in Ufernäh ihr Nestlein baun.

7.) Im Teich ganz leise Frösche Quaken,
   auch findet Adebar sich ein.
   Zwei Fischer durch das Wasser staken
   ziehn langsam volle Netze ein.

8.) Überall herscht tolles treiben
   im Fisch- und Vogelparadies.
   Ich wünscht ich könnt dort noch mal bleiben,
   denk oft zurück und wünsch mir dies.

G. Müller, 29571 Rosche

- Frühlingserwachen -

1.) Der Winter verliert sein weißes Kleid,
   Blümlein aus dem Schlaf erwachen.
   Allmählich grünt es weit und breit,
   draußen Kinder spieln und lachen.

2.) Weidenkätzchen flauschig weich
   rechtzeitig da zu Ostern blühn,
   Zugvögel aus fernem Reich
   zufrieden jetzt nach Hause ziehn.

3.) Die Bauern bringn das Saatgut ein,
   hoffen auf Sonnenschein und Regen.
   Das Land es möge fruchtbar sein,
   zu Gottes Lob und Segen.

4.) Die Ruh am See die ist vorbei,
   Fischlein froh im Wasser springen.
   Und man hört jetzt froh und frei
   Die Rohrdommel im Dickicht singen.

5.) Die Wasservögel bau`n ihr Nest,
   Revierkämpfe werd`n ausgetragen.
   Nach kurzer Zeit steht aber fest,
   daß Tiere sich doch schnell vertragen.

6.) So herschet also überall
   ein reges emsig treiben.
   Schwalben baun ihr Nest im Stall.
   Wo`s warm ist gern sie bleiben.

7.) Die Störche oben auf dem Dach
   auch heimgekehrt aus fernen Ländern,
   bessern schnell ihr Nest jetzt nach
   viel brauchen sie ja nicht zu ändern.

8.) Die Bienen oben in der Linde
   sich fleißig an den Blühten laben
   und bringen eilig und geschwinde
   dann den Honig in die Waben.

9.) Überall herscht großes Treiben,
   am See im Hof und auch im Stall.
   Die Frühlingszeit könnt länger bleiben
   hier und dort und überall.

Günther Müller, 29571 Rosche

- Sommerzeit - Erntezeit -

1.) Übers Feld ziehn laue Lüfte
ruhig wogt das Korn im Wind .
Die Luft ist voll von schönen Düften
wie man sie nur im Sommer find.

2.) Ringsherum Natur erwacht
ihr Morgenlied die Vöglein singen.
Baden hat viel Spaß gebracht
im See dort wo die Fische springen.

3.) Ne Lerche in die Lüfte steigt
die Sonn steht hoch am Horizont.
Ein Schwan sich mit den Jungen zeigt
und ruhig dort im Wasser sonnt.

4.) Das Korn wird nun bald abgemäht
und aufgestellt in Stiegen.
Der Wind durch Stoppelfelder weht
trocknet das Korn im fliegen.

5.) Nun beginnt die Erntezeit
das Getreide eingebracht.
Kahle Felder weit und breit
wenn die Arbeit ist vollbracht.

6.) Auf dem Hof dann auf der Diele
gedroschen wird das trockne Korn.
Fleißge Hände gibt es viele
der Arbeitsaufwand ist enorm.

7.) Nun ist die Ernte eingebracht
alle könn zufrieden sein.
Die schwerste Arbeit ist gemacht
zum Erntedank der Herr lädt ein.

8,) Die Ferienzeit nicht lang genug
der Sommer ging zu schnell vorbei.
Die Zeit verging rasch wie im Flug
doch seit zufrieden wie es sei.

9.) Vermiest mir nicht die Sommerzeit
bleibt froh und seit zufrieden.
Kaum bes`res gibt es weit und breit
auf dieser Welt hernieden.

Günther Müller, 29571 Rosche

- Stürmische Herbstzeiten -

1.) Die Sommerzeit die ist vorüber
 die kältre Jahreszeit beginnt.
 Regenwolken ziehn hinüber
 stürmisch bläßt der scharfe Wind.

2.) Die Felder werden umgepflügt
 wo einst das Kornfeld wogte.
 Ruhig jetzt der Acker liegt
 nur der Wind hinüber tobte.

3.) Dies Wetter ist im Herbst so üblich
 der Wind durch alle Ritzen zieht.
 Für ältre Leute ist`s betrüblich
 die Jugend kaum Probleme sieht.

4.) Der Sturm rüttelt am Scheunentor
 und Regen peitscht ums Haus.
 Dunkel die Nacht wie nie zuvor
 wir bleiben heim und gehn nicht aus.

5.) Es sammelt sich im Lindenbaum
 die große schwarze Starenschaar.
 Fliegn dann geschlossen wie im Traum
 in warme Länder Jahr für Jahr.

6.) Unruhig auch die Störche sind
 sie wolln uns auch verlassen.
 Man bald in Afrika sie find
 mit vielen andren Vogelrassen.

7.) Dreschmaschine auf der Diele
 das Korn es will gedroschen sein.
 Helfer hierzu braucht man viele
 die stelln sich in der Scheune ein.

8.) So gibt es Arbeit viel und satt
 Kartoffeln werden ausgegraben .
 Rüben gibt`s und Rübenblatt
 so Mensch und Tier sich können laben.

9.) Wenn dann der Abend stellt sich ein
 und ruhig wird es überall.
 Können wir recht zufrieden sein
 auch die Tiere dort im Stall.

10.)So jede Jahreszeit hat eigne Seiten
 im Herbst der Sturm und kalt im Winter.
 Recht wechselhaft sie uns begleiten
 beklag`n uns nicht wir Menschenkinder.

Günther Müller, 29571 Rosche

- W i n t e r z e i t -

1.) Herbststürme haben sich gelegt
   die Luft wird eisiger und kalt.
   Draußen sich nur wenig regt
   verschneit liegt da der Winterwald.

2.) Die Kinder hol`n die Schlitten raus
   und tun im Schnee sich tollen.
   Ält`re Leute dann im Haus
   am Kachelofen sitzen wollen.

3.) Schmoräpfel in der Röhre braten
   auch „Pummelchen" dürfen nicht fehl`n.
   Mit Ungeduld die Kinder warten
   schnell wieder woll`n nach draußen gehn.

4.) Der Winter ist wie`n alter Mann
   ist frostig, kann uns kaum gefallen.
   Doch freundlich er auch dann und wann
   tut Eisblumen ans Fenster malen.

5.) Die Jungen hol`n die Schlittschuh raus
   gehn dann zum zugefrorenen See.
   Kehr`n ne große Fläche aus
   und befreien sie von Schnee.

6.) Am Seeufer vom Erlenbaum
   werd`n Stock und Puck geschnitten.
   Dann geht es los, man merkt es kaum
   wie schnell die Zeit ist fort geschritten.

7.) Das Uferrohr wird abgemäht
   mit schweren Wagen abgefahren.
   Damit es zur Verfügung steht
   und Dächer vor Verschleiß bewahren.

8.) Ein Eissegler zieht seine Kreise
   der Wind der treibt Ihn tüchtig an.
   Zehn Schlitten gehen auf die Reise
   vorn ein starkes Pferd ist dran.

9.) So überall ist großes treiben
   hier und da zur Winterzeit.
   Die Kinder lange draußen bleiben
   sind stets zur Schneeballschlacht bereit.

10.)Ruhig wird`s zur Weihnachtszeit
   zum neuen Jahr die Peitschen knallen.
   Langsam´s draußen vor sich schneit
   bringt stille Einsamkeit uns allen.

11.)So woll`n wir doch zufrieden sein
   Tiere, Natur und Menschenkinder.
   Noch bleibt die Luft schon für uns rein
   im Frühjahr, Sommer ,Herbst und Winter. G. Müller, 29571 Rosche

- Jahreswechsel 1941 -

1.) Das Jahr es geht dem Ende zu
   es liegt viel Schnee und es ist kalt.
   Die Leut genießen diese Ruh
   das neue Jahr es kommt jetzt bald.

2.) Wir Kinder tollen noch im Schnee
   und führen Schneeballschlachten aus.
   Spieln Eishoky da auf dem See
   gehn Abends müde dann nach Haus.

3.) Mutter backt Pommelchen und Kuchen
   viel Pfefferkuchen gibt es auch.
   Braucht Abnehmer nicht lang zu suchen
   wir schlag`n uns gerne voll den Bauch.

4.) Heut ist der letzte Tag vom Jahr
   Besinnung und Ruhe kehren ein.
   Es auch mitunter hektisch war
   wolln trotzdem doch zufrieden sein.

5.) Zum Umtrunk dann zur Mitternacht
   die Herrschaft lädt die Leute ein .
   Knechte hab`n Peitschen mit gebracht
   wolln uns vom alten Jahr befrein.

6.) Sie stellen sich dann alle auf
   in weitem Kreis ums Herrenhaus.
   Hau`n kräftig mit den Peitschen drauf
   und treib`n das alte Jahr so aus.

7.) Das dauert so `ne ganze Zeit
   das neue Jahr jetzt vor uns liegt.
   Was hält es wohl für uns bereit
   das da jetzt um die Ecke biegt.

8.) Ein Schnäps`chen wird nun eingeschenkt
   zum Wohl und zur Gesundheit.
   Ein Jeder still zurück noch denkt
   für Traurigkeit ist keine Zeit.

9.) Das neue Jahr hoch leben läßt
   der Gutsherr und die Leute.
   Es ist schon fast ein kleines Fest
   erwartungsvoll wir`s feiern Heute.

10.)Alle gehn dann still nach Haus
   erwärmen sich am Silvesterpunsch.
   Entgültig das alte Jahr ist aus
   für`s Neue : F r i e d e n aller Wunsch.

Günther Müller. 29571 Rosche

- Glockengedicht -

Vom Turm löst sich ein Glockenton
es ist das „Bamm" und schwingt davon.
Es sucht die Glockentönin „ Bimm"
die hat so gar nicht viel Benimm.
Sie zieht soeben mit dem „Bumm"
vom Nachbarsdorf im Landkreis rum.
Doch unser „Bamm" so gerne Dein
er findet gar nicht wieder heim.
Sein Herz voll edler Dichtung
führt ihn in gänzlich falsche Richtung.

Bald ruhn die Wellen dann vom Schall -
Ach wie fatal – Ach wie fatal –

-Verfasser nicht bekannt-

- Drei Limmerick`s -

1.) Die Mutter zu der Tochter sagt, paß auf und laß dich nicht verführen,
    es sei denn wenn er höflich fragt, dann brauchst dich nicht zu zieren.
2.) Ja bleibe lustig und vergnügt, stets fröhlich , immer munter,
    das ist es was die Welt so liebt, doch meistens buttert man dich unter.
3.) Sieh da, sieh da Thymotheus, die Kraniche des Ühpykus!
    Der aber gibt sein Alter an und sagt daß Er nichts sehen kann!
    Auf dieser Welt ist`s doch gerecht, auch alte Griechen sehen schlecht!

G. Müller, 29571 Rosche

Und einmal etwas Schwäbisches:

I ka guat ohne d` Menscha sei, am lieabschta gang i ganz allei
dia alt Stoig na`b,vorbei am Rogga, en Wald nei ond dur
Brombeer brocka. Do isch doch alles friedle gelt, vergesse duat
ma die ganz Welt, sem oigne Innre ischt ma noh
ond d`Mrnscha kennt oin - no - jo !

- Feldmann der Hütehund -

1.) Ein Hütehund, ein kleiner weißer
   wird angeschafft, uns wird bald klar.
   Daß er wird ein kleiner Beißer
   der mutig und nicht ängstlich war.

2.) Die Schaf neugierig zu ihm kommen
   der kleine Rüde war ja neu.
   Ihnen aber ist`s gleich schlecht bekommen
   denn dieser Hund hat keine Scheu.

3.) Dem Ersten in die Nas er biß
   erschrocken sprang das Tier zurück.
   Eilig die ganze Herd ausriß
   versuchten niemals mehr ihr Glück.

4.) „Feldmann" hieß der kleine Rüde
   viel Freude sollte er uns bringen.
   War brav und treu und auch nie müde
   zur Arbeit braucht man nie ihn zwingen.

5.) Die Hündin „ Lore „ wird gekauft
   als Frau für unsren starken Hund.
   Mit ihr er sich zusammen rauft
   halten zusamm`n ab dieser Stund.

6.) Auf Hof und Feld war er der Herr
   daran da gab es nichts zu deuteln.
   Andre Hunde hattens da schwer
   wenn er sie fürchterlich tat beuteln

7.) Sie zogen bald den Schwanz dann ein
   fing`n schnell an weg zu laufen.
   Für sie sollte das daß beste sein
   mit Feldmann wollte keiner raufen

8.) Bald stellte sich auch Nachwuchs ein
   es war`n vier kleine schöne Hunde.
   Die noch recht putzig und noch klein
   kuschlig schliefen zu jeder Stunde.

9.) Feldmann auch recht mutig war
   holt Enten vom Eisloch aus dem See.
   So war dann auch bald Sonnenklar
   sein Abschied tat besonders weh.

10.) Auf einer Straße auf dem Pflaster
   er machte für die Autos platz.
   Erfaßte ihn ein großer Laster
   tragisch für unsren Hundeschatz.

11.) So werden wir ihn nicht vergessen
   den großen starken Hütehund.
   Hab`n nie `nen besseren besessen
   `s war schön mit Ihm zu jeder Stund. Günther Müllrr, 29571 Rosche

- Udaluss -

1.) Das kleine Pony „Udaluss"
es war ein Russengaul.
Mit Ihm da gab es oft Verdruß
zum laufen war er oft zu faul.

2.) Das war so`n richtiger Lümmel
zu bändigen da war er schwer.
Der kleine weiße Schimmel
machte Ärger mehr und mehr.

3.) Die stolze Tochter Hannelore
dies oft bekam zu spüren.
Wie er kaum aus dem Tore
nur schwer sich da ließ führen.

4.) So ist es auch schon mal passiert
das sie alleine kam zurück.
Der Lorbaß hat sie abrasiert
lief lieber gern allein ein Stück.

5.) Sie haut dann ärgerlich ans Bein
mit Ihrer neuen Ledergerte.
Rief wütend dann „ das kann nicht sein"
sich beim Kutscher dann beschwerte.

6.) Doch dieser gute alte Knecht
der konnte auch nichts machen.
„Udaluss" tat`s keinem Recht
es war als täte er nur lachen.

7.) Auch ich wollt ihn mal da geschwinnt
an unsren kleinen Schlitten spannen.
Doch dachte er „ ob der wohl spinnt"
dreht kurz um und lief von dannen.

8.) Na ja, ich hab ihn eingefangen
wir mußten ja doch in die Stadt.
Wollte nicht länger mit ihm rangen
schließlich ihm`s doch gefallen hat.

9.) Er lief auch dann ganz willig weiter
hab`n uns dann noch gut vertragen.
Er war nicht mehr der große Streiter
kann es mit Überzeugung sagen.

10.) Zur Schäferei ging unser letzter Ritt
um Schaf und Fohlen frei zu lassen.
Ein schwerer, trauriger Abschiedsschritt
mußte danach den „Udaluss" verlassen.

11.) So doch dies kleine wilde Tier
uns Ärger doch auch Freud gebracht.
Ihn wollen nicht vergessen wir
hat seine Sach doch gut gemacht.   G. Müller, 29571 Rosche,

- Schäferei ... „Wasserhans" ..

1.) Im Frühjahr ist es stets soweit
   es kommt Leben in den Stall.
   Jetzt ist es für Geburten Zeit
   viel Lämmer gibt`s da überall.

2.) Ein Böcklein wollt und wollt nicht kommen
   ich mußte helfen, kräftig zieh`n.
   Das Muttertier war voll benommen
   lag matt da nach der großen Müh.

3.) Der kleine Bock wurd abgerieben
   mit weichem sauberem Stroh.
   Wie`s für`n Notfall vorgeschrieben
   das wußte ich und macht`s auch so.

4.) Das Lamm da war sehr munter
   bald kräftig auf den Beinen steht.
   Es lief stets hoch und runter
   mich wundert`s schon wie schnell es geht.

5.) Es war halt ein starkes Tier
   mit einem weißen Ring am Hals.
   So konn`t ich ihn gut merken mir
   und er erkannt mich ebenfalls.

6.) Er wuchs recht forsch und schnell heran
   für mich bald hieß er „Wasserhans".
   Weil er viel Wasser trinken kann
   keiner so wie er es kanns.

7.) Der Hans das war ein kräftiger Kleiner
   tat seine Kraft bald mit mir messen.
   So zutraulich wie er war keiner
   war meist der erste , auch beim fressen.

8.) Herausfordernd forsch steht er oft da
   legt überlegend seinen Kopf zur Seite.
   Als ob er sagen wollte „ na?"
   hau ab für dich wird`s eine Pleite.

9.) Er stürmt heran mit großer Macht
   noch kann ich mit der Hand ihn halten.
   Er stößt ja nicht mit letzter Wucht
   läßt freundschaftlich noch Gnade walten.

10.) Als Abschluß seiner Jugendzeit
   bei einer großen Köhrung.
   Steht Hans als Sieger dann bereit
   für ihn war es die Krönung.

11.) Nach Pommern wurde er verkauft
   als Zuchtbock erster Klasse.
   Dort sicher keiner mit ihm rauft
   sorgt da für Lämmer bester Rasse. G. Müller.29571 Rosche,

- Gutsmaurer Hahn -

1.) Auf dem Gutshof dann und wann
   gab es doch recht viel zu machen.
   Zuständig dafür war Maurer Hahn
   auch noch für viele andre Sachen.

2.) Kam jeden Morgen aus der Stadt
   ins Dorf zur Arbeit her.
   Er schon ganz schön zu strampeln hat
   sein Rad war alt, kein neues mehr.

3.) So hat er auch bei uns im Stall,
   die Schweineboxen eingebaut.
   Und sonst mal hier und überall
   sich halt nach Arbeit umgeschaut.

4.) Bei uns ging Janek ihm zur Hand
   er sich mit ihm recht gut vertragen.
   So lang bis beide ganz gewandt
   ins Brett `nen Nagel wollten schlagen

5.) Den Nagel hielt der Meister fest
   Janek sollt den Hammer schwingen.
   Dem Daumen jedoch gab`s den Rest
   der Hammer tat daneben springen.

6.) Was gab es da für ein Gejammer
   furchtbar war was ich da seh
   Zu schwer war dieser große Hammer
   das tat natürlich mächtig weh.

7.) „ Er hat mir eine drauf gewichst,
    ich kann ja gar nicht reden."
   Hahn schrie gewaltig, hörte nix
   bedauert wurde er von jedem.

8.) Der Gutsherr da geritten kam
   konn`t sich ein lachen kaum verwinden.
   Ihn freundlich in die Arme nahm
   und tat den Daumen schnell verbinden.

9.) Gutsmaurer Hahn dann eilig
   natürlich fuhr nach Haus.
   Doch war`s ihm etwas peinlich
   es sah vorher recht ulkig aus.

10.) Also sagt man hier am Morgen
   Bäume nicht in den Himmel wachsen.
   Wer`n Unglück hat dem macht`s auch Sorgen
   Auch dem Gutsmaurer Hahn aus Sachsen.

Günther Müller, 29571 Rosche.

- E i g e n t o r -

1.) Ja das kommt wohl öfter vor
    das sind meist ulkig Sachen.
    Man schießt schon mal ein Eigentor
    hat danach aber nichts zu lachen.

2.) Dem Vater tat es wohl verdrießen
    daß emsig Spatzen ich geschossen.
    Das sicher wollt er mir vermiesen
    grübelt darüber unverdrossen.

3.) Im großen grünen Spatzenstrauch
    `nen toten Vogel band er ein.
    An einem Fuß, stramm unterm Bauch
    ein Lockvogel sollte es sein.

4.) Bald geselten sich dazu
    noch viele andre Tiere.
    Der Schütz eilt aufgeregt hinzu
    zu säubern sein Reviere.

5.) Angelegt und gleich geschossen
    eilig die Spatzen fliegen auf.
    Doch einer der bleibt unverdrossen
    auf dem Ast dort sitzen drauf.

6.) Der Schütze der wird aufgeregt
    beginnt ganz eilig nach zu laden.
    Ein zweiter Schuß hinüber fegt
    auch der, der macht noch keinen Schaden.

7.) Nun das geht doch gar nicht an
    geht näher rann um anzulegen.
    Doch endlich, endlich sieht man dann
    der Vogel beginnt sich zu bewegen.

8.) Er rutscht hinüber und steht Kopf
    und bleibt ganz ruhig hängen.
    Was bin ich bloß für`n armer Tropf
    Bin ausgetrickst um Längen.

9.) Kopfüber hängt das tote Tier
    steif und Starr und drall.
    Das Lachen dann das galt nur mir
    Fröhlich vom Vater aus dem Stall.

10.)Ja ja auf diesem Erden - Reich
    da kommt es öfter vor.
    Spielt man Dir da mal einen Streich
    ist`s meist ein E i g e n t o r .

Günther Müller. 29571 Rosche

- Feierabend - Abendrot -

1.) Langsam da kehrt Stille ein
   nach des Tages Arbeitsmühe.
   Alle jetzt zufrieden sein
   und langsam nun nach Hause ziehn.

2.) Die Knechte erst die Pferde pflegen
   dort drin im warmen Stall.
   Heu ihnen in die Krippe legen
   das mögen sie auf jeden Fall.

3.) Jetzt werd`n die Tiere noch geputzt
   mit Bürste und mit Striegel.
   Das klar doch der Gesundheit nutzt
   ist auch für`n Knecht ein Gütesiegel.

4.) Draußen die Kinder nicht mehr toben
   und kommen langsam jetzt nach Haus.
   Sie vorher durch die Gegend stoben
   arbeiteten eifrig sich da aus.

5.) Oft saßen sie dann auf der Bank
   ließen Geschichten sich vortragen.
   Die Alten kannten manchen Schwank
   grenzte mitunter schon an Sagen.

6.) Zum Beispiel daß um Mitternacht
   ein großer Hund rennt um den See.
   So gab ich dann ganz ängstlich acht
   wenn ich dort dann nach Hause geh.

7.) Alle gehn wir jetzt nach Haus
   denn draußen wird es dunkel.
   Umher fliegt eine Fledermaus
   der Uhu ruft, die Augen funkeln.

8.) Die Hunde bell`n den Mond jetzt an
   etwas klappert da im Wind.
   Man aber doch gut schlafen kann
   weil müd wir und zufrieden sind.

9.) Die Nachtruh erfrischend ist und labend
   das trifft auf Kind und Eltern zu.
   Erholsam ist ein Feierabend
   der nach der Arbeit bringt die Ruh.

10.) So ihr Leut drum seit zufrieden
    noch wir haben wenig Not.
    So lang noch leuchtet uns hernieden
    ab und zu das Abendrot.

Günther Müller, 29571 Rosche

- Rentnerzeit -

1.) Viel gearbeitet im Leben
   nun wird`s Zeit sich auszuruhen.
   Nicht mehr Erfolge anzustreben
   du brauchst jetzt nicht mehr viel zu tun.

2.) Sitzt im Sessel, denkst zurück
   an die langen Arbeitstage.
   Oft warn`s Sorgen, auch viel Glück
   viel Müh und Fleiß in jeder Lage.

3.) Allmählich kommt man jetzt zur Ruh,
   beginnt viel langsamer zu traben.
   Schaut lieber mal den Enkeln zu
   die`s Leben ja noch vor sich haben.

4.) Die Kinder holen oft ne`n Rat
   tun Meinungen für sich erfragen.
   Wie gut daß man `nen Opa hat
   hauptsach man kann Ihn gut ertragen.

5.) War früher doch recht ungeduldig
   in der Blütezeit des Lebens.
   Bin Nachsicht jetzt den Kindern schuldig,
   jetzt braucht man Ungeduld vergebens.

6.) Man wird nun doch ein wenig älter
   wagt sich so oft nicht mehr hinaus.
   Die Umgebung draußen wird kälter
   dann bleibt man besser gleich zu Haus.

7.) Doch seit zufrieden tut mit Freud
   die Ruhe in Geduld ertragen.
   Denkt nicht an früher, denkt an Heut
   denn auch der Herbst hat schöne Tage.

8.) So genieß die Rentnerzeit
   erfreue Dich an deinen Lieben.
   Die auch für Dich steh`n stets bereit
   und gern noch lange bei Dir blieben.

9.) Sei freundlich stet`s zu Deiner Frau
   die liebevoll meist zu Dir hielt.
   Denn eins das möchstest Du genau
   das alles gut zusammen spielt.

10.) So halte hoch die Rentnerzeit
   die letzte Zeit des Lebens.
   Sei zur Besinnung stets bereit
   Du warst auf dieser Welt doch nicht vergebens.

Günther Müller , 29571 Rosche.

- Nachdenkliches -

1.) Wenn ich so an die Heimat denke
und früher an die Jugendzeit.
Gedanken da dann rückwärts lenke
liegt`s doch so fern und weit.

2.) Wollte früh als kleiner Lümmel
schon in die ferne springen.
Wo die Erd berührt den Himmel
und hoch oben die Vöglein singen.

3.) Bald weitet sich dein Horizont
du machst dann doch deine Erfahrung.
Das man hier nicht alleine wohnt
Viele hier kämpfen um die Nahrung.

4.) Du lernst Ellenbogen zu gebrauchen
schlingerst so durch`s Leben hin.
Die Zeit die tut sehr schnell verrauchen
doch all`s auf dieser Welt hat seinen Sinn.

5.) Mit Schule beginnt der Ernst des Lebens
dort hast Du noch zum lernen Zeit.
Das Glück suchs`t später oft vergebens
hält wenig meist für dich bereit.

6.) Du mußt dich schon ganz mutig recken
willst du im Leben etwas werden.
Dich mächtig nach der Decke strecken
sonst gibt es hier nicht viel zu erben,

7.) Auch du mußt da zufrieden sein
später nicht große Ansprüch stellen.
Sonst stehst du sehr oft dann allein
um den dann tut kein Hund mehr bellen.

8.) Vor allen versuche fit zu bleiben
den Kranke sind nicht so beliebt.
Laß dich nicht in die Ecke treiben
beweise das es dich noch gibt.

9.) Das ganze Leben ist ein Kampf
mitunter oft die falschen siegen.
Es gibt viel Unrecht, Lug und Krampf
meist oben doch die starken fliegen.

10.) Bemühe dich dabei zu sein
mit zutreiben mit den andern.
Erwerbe was, sag „ das ist mein"
dann werd`n auch andere mit dir wandern.

11.) Wenn du doch unzufrieden bist
du traurig oft zurück mußt denken.
Dich doch keiner mehr vermißt
so`n Leben lieber kannst verschenken. G. Müller, 29571 Rosche.

- Der allererste Blick -

1.) Im Kundendorf fuhr ich dahin,
   hatte nur Ofen reinigen im Sinn.
   Da kommt den Berg runter gefahren
   ein Mädel schön, kaum 16 Jahr.

2.) Grüner Rock und dunkle Haare
   gut gebaut, ein flottes Kind
   und Jungs wie ich, in besten Jahren,
   dafür sehr empfänglich sind.

3.) Ich schau hinüber, Sie zurück,
   für mich wars wie ein Donnerschlag.
   Sie guckt mit sehr erstaunten Blick
   und denkt wohl, na was der wohl mag?

4.) So fährt Sie schnell an mir vorbei,
   ich ins Pedal, schau mich gleich um.
   Ich warte, ob`s wohl möglich sei ?
   Ja, Sie dreht gleich ihr Köpfchen um.

5.) Ein verschmitztes freches grinsen
   warf Sie mir noch einmal zu,
   ich denk, das ging wohl in die Binsen,
   Jung, Jung, Jung was mach ich nu?

6.) Währ ich damals nicht so schüchtern,
   dreht ich um und führ Ihr nach.
   Doch ich sah die Sache nüchtern,
   Hatte noch Zeit, gemach - gemach.

7.) Mußte dann zwei Jahre warten
   bis zum nächsten Wiedersehn.
   Tat da gleich zum Angriff starten
   s`gab kein vertun und kein versehn,

8.) So hab ich doch nach langem bangen,
   mir mein Mädel eingefangen.
   Oft noch gern denk ich zurück
   an unseren allerersten Blick.

Günther Müller, 29571 Rosche.

Jetzt geht es im Garten los,-
doch was macht die Mutti bloß?
Kann sich abends kaum
bewegen,-
die richtigen Schuhe.-
das wär`ein Segen.
D´rum hab`ich mir gedacht:

Im Garten brauchst Du keinen Rock
doch Schuhe..die von Birkenstock.
Und sind sie Dir auch viel zu schade,
Du kriegst `se trotzdem-jetzt erst gerade.

Alles Liebe und Gute wünscht Dir

~Gudi ~

- Zur Erinnerung an die goldene Hochzeit -

Es sinkt und steigt mit den Gezeiten im Meer des Lebens manches
Schiff.
Nur selten ist es stilles Gleiten, mal tobt ein Sturm, mal droht ein Riff.

Wenn sich begünstigt von den Winden zwei Wege kreuzen, wie so oft,
und sich dabei die Richt`gen finden, sowie man es sich stets erhofft.
Und nehmen sie gemeinschaftlich Kurs auf einen Hafen, dann sagt
man voller Zuversicht: - Wie schön , daß sie sich trafen -

1.) Vor 50 Jahren das ist wahr, sagten beide zu sich „ Ja „
     In dieser langen Zeit, sicher es auch mal bereut ,
     ist man sich doch treu geblieben, denn tief im Herzen drin,
     das ist der Ehe Sinn, tut man sich heimlich doch noch lieben.

2.) Großes habt Ihr aufgebaut, und einander stets vertraut.
     Geteilt in aller Zeit, habt Ihr euch Freud und Leid ,
     und diesen Schwur nie gebrochen, denn vor dem Traualtar
     vor heute 50 Jahr habt ihr es einst so versprochen.

3.) 50 Jahre lang zu zweit, Ein ganzes Leben Seit` an Seit`.
     Höhen und Tiefen. Mal Tränen liefen,-
     Zeiten des Glück`s und der Freude. Mit Mut uns Energie
     ging alles irgendwie, und davon erzähl`n wir Heute.

4.) Und nun hört Euch die Geschichte an, wie mit beiden es begann.
     Was in den vielen Jahr`n sich so hat zugetrag`n,
     wir werd`n nun gleich beginnen. Und zwischen Text und Reim
     soll stets ein Liedchen sein, das wir dann gemeinsam singen..

- Rede zur goldenen Hochzeit von Ida und Günther -
- erdacht und gehalten von Heidi Müller aus 29562 Suhlendorf -

Als Ida 1937 kam auf die Welt, hat Günther bereits 9 Jahr gezählt.
Während sie eins von sechs Kindern war, traf es Günther schlimmer,-
er hatte nur noch Traute,- und die war auch viel jünger.
Da kann man nichts machen, dachte er sich, und sagt zu ihr. na fein...
  -Schön ist es auf der Welt zu sein, sprach der Günther zu der Traute
klein , Du und ich , wir stimmen ein, schön ist es auf der Welt zu sein.-

Ida in der Ukraine geboren hatte noch was dem Günther voraus,-
ihr gesamter Name drückte sich in fünf Buchstaben aus.

Ich glaub damit hält sie noch heut den Rekord, -aber nun gut, fahr`n wir
mal fort.
Günther in Ostpreußen geboren, hatte in der Ukraine nichts verloren.
Ganz klar also, daß sie sich damals noch nicht kannten,
und erst viel, viel später in die Arme rannten.

Zunächst kam `ne Zeit, die muß ich benennen, auch,
wenn wir das heute zum Glück nicht mehr kennen.
Es war der Krieg, man mußte flieh`n und ständig weiter ziehn.
Au`s waren lange auf der Flucht, und Günther schrieb all seine
Erlebnisse im ersten Buch.
Ich möchte mich weiter nicht vertiefen, weil damals genug der Tränen
liefen. Es ist wie es ist , und bleibt wie es sei...

In Edendorf bei Kühl auf dem Hof, da wurde Ida schließlich groß.
Günther, wohnhaft in Stadensen, zog es beruflich nach Bevensen.
Er stand bei Müller als Ofensetzer seinen Mann
und fuhr zur Kundschaft mit dem Fahrrad `ran.
Und als er so fährt, nichts böses im Sinn,- ihr werdet`s ahnen,
da kommt die Ida vorbei gefahren.
Beide tauschen einen Blick, - das hat wohl gereicht.
Der Günther war verzaubert sogleich.
Er fuhr zurück ins Bevensen - Städtchen und summte:
     Heut trat ich so ein wunderschönes Mädchen.
     Sie ist so hübsch, und sie scheint klug zu sein.
     Ich weiß nicht Ihren Namen und ich kenne nicht ihr Ziel,
     ich merke nur sie fährt mit viel Gefühl.. Ratta - Rattata ..
Doch Ida hat sich noch geniert, oder hat sie`s nicht kapiert?
Sie war erst 16.- noch grün hinter`n Ohren,
hat wohl Gedanken an Männer wohl nicht verloren.
Sie war zur der Zeit mit Schwester Lisa bei Richter angestellt,
und hat sich dort im Haushalt gequält.
Und das möchte ich noch erwähn, Ida war bei Richter sehr angesehen.
Sogar Lisa sollte sich an ihr ein Beispiel nehmen,
Ida sagte: Lisa nun hör mal her, das ist doch alles gar nicht so schwer.
------   Das biß`chen Haushalt ist doch kein Problem, fang mal an.
     Das ist ganz einfach, und du wirst schon sehn, fang mal an,
     Ich werd `dir zeigen wie das geht und was ich kann,
     Das bisschen Haushalt, komm fang an.

Ihre Schwester Agathe hat, - wie der Zufall so spielt -
beim Chef vom Günther im Haushalt gewühlt.
Fotos der Familie zeigt sie dort mal in einem Päus`chen,
und schon war Günther wieder aus dem Häus`chen.

Je öfter er dann auch Ida geseh`n, war`s mehr und mehr um Ihn geschehen.

Sie wuchs zu einem hübschen Mädchen heran und er dachte sich dann: -

- Die kleine Ida, die süße Dirn, die will mir nicht mehr aus dem Gehirn.-

In der Kneipe bei Sagel hat er oft gesessen, und konnt die Ida nicht vergessen.

Freunde meinten „ Wir wissen`s genau, Du hast keine Chansen bei dieser Frau.

Doch Günther sagt: „Na woll`n wir mal schau `n Ihr wißt ja:

> Ich brech die Herzen der stolzesten Frau`n,
> weil ich so stürmisch und so leidenschaftlich bin.
> Mir braucht nur eine ins Auge zu schau`n, schon ist sie hin.

Und siehe da,- irgendwann ließ Ida sich erweichen.
Eine Freundschaft mit Wesen des anderen Geschlechts
war Ida dann schließlich auch ganz recht.
Und von da stand für Sie außer Frage:

--Ich will keine Schokolade, ich will lieber einen Mann.—

Wie Ida den Günther gewonnen hat, niemand es mit bekommen hat.
Vielleicht war`s was ganz anderes, wer weiß es schon genau,
was Günther so mochte an dieser Frau.
Weil es nun um beide war geschehen, wollten Sie zueinander stehn.
Drum Günther sprach „ ich liebe dich „.
Die Hochzeit sollte wer soll das verstehen, am 1. April geschehen,
Ostersonntag noch, kein Scherz , faßten sie sich dann ein Herz.
Kurzfristig dachte man schon sie fällt doch noch aus,
denn Pastor und Brautpaar standen allein vorm Gotteshaus.
Der Loyd Kombi blieb nämlich auf der Straße liegen,
und alle Gäste mußten den Litzberg hoch schieben.
Was ein Schreck - und wie hieß der Fahrzeughalter :
— Mein Gott Walter —

Dann ist es aber doch passiert, selbst bei Schnee hat man die Hochzeit riskiert.

Trotzdem das Oma sagte: „ Ne, ne, ne. Soviel Flocken Schnee , soviel Ach und Weh."

(Wir merken an . trotz Kommentar, sind heute fünf Kinder und sieben Enkel da.)

Auf der Hochzeit hat Lisa hochschwanger gekocht, in der Futterküche über`n Hof,

Für Stimmung sorgt jeder, für gute Musik, na klar :Günther mit der Mundharmonika.

--- Verheiratet ---

Auch die erste gemeinsame Wohnung war schon gemietet,
nur noch nicht ganz möbliert,- das ist erst später passiert.
Am 3. April zogen sie in Medingen ein und blieben dort nicht lannge allein.
Die Hochzeitsnacht vielleicht noch mehrmals geprobt oder erst mal nachgeholt!
Keine Ahnung wann und wo ,da war es doch geschehen , das Ergebnis dann könnt ihr an Harald sehen.
Und dann, obwohl nicht so schnell geplant stellte sich die Helga ein.
Um Frau und zwei Kinder zu versorgen, dachte Günther da an Morgen.
Gesundheitlich sah`s da nicht mehr so rosig aus,
und die Kündigung bei Ofen - Müller setzt da noch einen obendrauf.
Günther dachte sich da mach ich meinen Meister
und arbeitete als technische Zeichner.

So zogen wir ins Schwabenländle hin, wo Günther auf die Schule ging.
Als Kind Nr. 3 kam ich dort zur Welt. - Ein richt`ges Schwabenmädle..
Mit dem Meistertitel in der Tasche wurde der Umzug zurück in die Heide nach Lehmke gemacht.
Wieder ein Abschied doch ohne Frust denn wandern ist des Müllers Lust.
 Inzwischen war auch Holger , Nr. 4 eingetroffen.
Tja, es war schon wie verhext, plötzlich waren wir zu sechst.
Neben der Tanke haben wir gewohnt, blieben vom Hühnerschlachten nicht verschont.
Ich flog dort in die Dornen rein, und Harald bekam ein Messer ins Bein.
An Schneeballschlachten mit Euch können wir uns erinnern,
und an die „Badewanne"den Ford M 17 in himmelblau, auch noch ganz genau.
173 tausend Kilometer ist Günther damit gefahren, das weiß er noch nach all den Jahren.
Ida zerquetschte im Fahrrad fast Holgers Bein,
da fingen gleich beide an zu schrein.
Helga schlug sich beim Rollschuhfahren die Knie auf und haute sich ganz knapp mit dem Abtreter einen Teil vom Finger ab.
Jemand von uns wurde gezwungen zu rauchen,
und im Tante Emma Laden lose Milch in Kannen konnte man kaufen.
Ich könnt Dinge berichten , die waren schlimm und schlimmer...
Tja wir waren nun mal vier lebhafte Kinder.

So dachte Ida sich wohl oft am Morgen:
Ich zähle täglich meine Sorgen, denn ich sorg mich sehr,
Wenn ich denk, das kriegst Du hin., dann ist es nicht so schwer.
Ich zähle täglich meine Sorgen, und bleib so wie ich bin,
denn ich weiß in meinem Leben da ist noch vieles drin.

Während Günther versuchte den Betrieb weiter aus zubauen,
sind Helga und ich oft mit dem Rad abgehauen.
Nach Stadensen in die Badeanstalt. das war ja gar nicht weit,
Oft haben wir auch Oma besucht, sie sagte stets „ Oh fein",
(Das ist natürlich raus gekommen ,- hat man deswegen Oma später
nach Rosche genommen?)

Ja, die Zeit in Lehmke war für uns Kinder sehr schön.
Die Probleme der Eltern haben wir damals nicht geseh'n.
Denn die Selbständigkeit war natürlich gar nicht leicht,
und das Geld hat kaum gereicht.
Doch in dieser schweren Zeit gab`s Freunde, Verwandschaft und
Zusammenhalt.
Man tauschte Kleidung - welches Kind kan das noch tragen?
Und man verdarb sich gemeinschaftlich den Magen.
Denn wohl immer in Erinnerung bleibt - die Kartoffelsalat und
Gurkenaktion. - Jeder übergab sich davon.-

Dann hieß es auch von Lehmke Abschied nehmen.
Unser letztes Ziel das sollte ,-oh fein,-ein eignes Haus in Rosche sein.

Ach wie war das doch in Lehmke nett, da hatten wir ein Wasserklosett.
In Rosche war das noch nicht so, da ging es über'n Hof auf's
Plumpsklo.
Das Haus wurde umgebaut und renoviert aus eigner Kraft,
aber mit viel Mühe und Fleiß hat man auch das geschafft.
Da gab es von morgens bis abends zu tun,
und das Geschäft durfte natürlich auch nicht ruh`n.
Das war schon hart, aber diesmal schaffte man schließlich für`s eigene
Heim.
Und aus Erfahrung man weiß, so was wird grundsätzlich nie fertig sein.
Und als alles im Groben getan dann war,kam das fünfte Kind mit „H".
Sieben Leute im Haus , und Oma noch oben,
das war schon ein Lärmen und Toben.
Das die Eltern manchmal fertig waren blieb kaum verborgen, dachten
sicher oft:
    - Guten Morgen liebe Sorgen ,seid ihr auch schon wieder da?
     Habt ihr auch so gut geschlafen, na dann ist ja alles klar -

Zur Erholung wohl, und weil die Kinder dort meistens verschwunden
waren, tat man jeden Sonntag nach Edendorf fahren.
Die Frauen berieten dies und das, und die Männer tranken Bier und
spielten Skat.
Oft hieß es dann frohlocken, - Oma macht Ihre Pirrogen,-
Und da war noch `was, das glaubt heute keiner,-
Dort ging man hinter`n Vorhang auf`n Eimer.
Vielleicht hat es so angefangen, das wir auf dem Weg nach Hause
sangen :   Ein Loch ist im Eimer, Oh Henri, oh Henri
                Ein Loch ist im Eimer, Oh Henri ein Loch . -----
Dann wieder der Alltag, Günther war viel auf Montage und Ida mit den
Kindern allein, und im Geschäft sollte sie auch noch sein.
Die Kundschaft tat sich manchmal schwer, da musst der Rat von Ida her,
Wie krieg ich die Ofentür nur auf, wie kriegt sie halt?
Die Antwort , ja die hat sie bald und erklärt mit schlauer Mien`:

---Sie müssen nur den Nippel durch die Lasche zieh`n
    und mit der kleinen Kurbel ganz nach oben dreh`n.
    Da erscheint sofort ein Pfeil und da drücken sie dann drauf,
    und schon geht der Ofen auf. ---

Spätestens am Wochenende war Günther dann da
und man mußte beichten was in der Woche war.
Manchmal sehr späht noch fuhr Günther nach Göddenstedt,-das ist ja
nett, um Holger aus der Mausefalle nach Hause zu kriegen,-
sonst würd` er heut` noch auf der Straße liegen.

Im Granada lehrt er Harald dann und wann im Auto fahren an.
Die Strecken auf der Autobahn, die ist er immer gern gefaqhr`n.
O h n e Führerschein --- nicht das die Blicke trüben --
ich sollt`ja schließlich üben !
Und als ich so fuhr auf der A 7,da kam von rechts - ich weiß nicht mehr -
ich glaub` es war ein Fasan daher ...
Weil`s vorn am Auto`n bisschen knallte, da guckt nicht schlecht der liebe
„Alte" , „das Auto hat ja, - ei der Daus - , vorn Nebelscheinwerfer auch. „

Das Leben nahm so seinen Lauf, es ging mal runter, mal bergauf.
Wir Kinder wurden viel mit einbezogen,- erst die Hausarbeit und dann das
Toben. Ob Frühstück, Mittag, Abendbrot, die Ida hatte alle im Lot.
Auch Günther war nicht zu beneiden und wollte auch mal ruhen.

Aber ruhen war noch lange nicht,1985 wagten sie den nächsten großen
Schritt.

Die Firma ist nach Uelzen gekommen, wurde später von Harald
übernommen.
Und wir alle haben einen Teil der Zeit in der Firma verweilt.
Durch eure Arbeit, eurem Streben habt ihr jedem von uns einen Job
gegeben.
Aber aus Kindern werden Leute und aus dem Haus sind alle heute.
Ja, die Kinder zogen aus, und Enkel kamen hinein,
und so - seht mal her - habt ihr wieder eine Kinderschar.

Die Zeit ist vergangen,
gesundheitlich mußte Günther schon 'ne gaqnze Me4nge ertragen,-
wir hörten ihn aber nur selten klagen.
Er hat sich niemals aufgegeben. Selbst nach der Geschichte im letzten
Jahr` sagte Günther noch : „ Nein , mich kriegt so schnell niemand klein."
    --- Das kann doch einen Günther nicht erschüttern,
       Keine Angst, keine Angst , Idalein ----

Und Ida mit Migräne und Rückenschmerzen auch nicht immer froh,-
Ja , sie wird auch nicht jünger, tut aber manchmal schon so.
Denn auch wenn`s drückt und zwickt sie im Garten Unkraut züpft.
Ja der Garten ist ihre Leidenschaft und eine Pracht. Wie Ida das immer
so macht ?
Und fehlt mal `was drinnen zur Dekoration, sagt Ida , ich weiß auch
schon.
     ---Mein kleiner, grüner Kaktus, steht draußen am Balkon.
      Hollahi, hollahi , hollaho.
      Was brauch` ich rote Rosen, was brauch` ich roten Mohn,
      Hollahi, hollahi, hollaho.
      Und wenn ein Bösewicht `was Ungezog`nes spricht,
      dann nehm` ich meinen Kaktus und der sticht, sticht, sticht."

Seit Günther ist im Ruhestand, er endlich Zeit für Hobby`s fand.
Machte erste Bekanntschaften, - oh je - mit dem P C .
Schreibt Gedichte, Anekdoten, Memoiren,-
durch seine Bücher haben wir viel erfahren.
Bei jeder Feier, zu vielen Anlässen ist immer der Knüller .. die Rede von
Müller. Und sonst ? ?
Wenn im T V nichts läuft, das Rätzelheft voll, - kein Preisausschreiben in
Sicht---dann kommt Romme auf den Tisch.
Günther ärgert sich meistens sehr, denn Ida` s Börse wird voller und
seine leer. – Ja, Ida sammelt auch Geld, .. was kostet die Welt.?
Mittwochs dann das Highlight angesagt, -
im Kreise der Freunde Romme und Skat.

Neuerdings, ist das nicht schön?, kann man Ida auch wieder hinter`m
Steuer seh`n.
Unsere Hochachtung, nach all`den Jahren wieder Auto zu fahren.
Und hier steht es auf dem Letter,- sie fähft bei jedem Wetter.

- Wenn Du denkst Du denkst, dann denkst Du nur Du denkst
  die Ida kann das nicht. Schau` ihr in die Augen und dann schau` in ihr
  Gesicht.

Ja , liebe Eltern, so vieles gibt es zu berichten,.
Stunden, Tage könnt` man dichten.
Vielleicht hab`n wir einiges verdreht, sorry, aber wir haben ja nicht alles
erlebt. Ihr seht der Liederzettel ist leer, nun kommt noch eines hinterher :

--- Nun kommt, was mal kommen muß.
  DANKE sagen wir zum Schluß.
  Ihr ward stets für uns da,
  habt Euch nie eingemischt,
  habt stets geschluckt und geschwiegen.
  Das ist auch mit ein Grund,
  das tun wir heute Kund
  warum wir Euch zwei sehr lieben.

  DANKE für die schöne Zeit
  die uns in Erinnerung bleibt.
  Wir blicken gern zurück,
  denn Ihr habt Stück für Stück
  uns soviel schönes gegeben.
  Heut` stoßen wir d`rauf an
  Und singen freudig dann:
  Ihr zwei, ja Hoch sollt Ihr leben. ---

Und eines steht wohl außer Frage,-
Wir wünschen Euch noch viele glückliche, gesunde , gemeinsame Jahre!

In Liebe von Euren Kindern und Enkelkindern.

- 01. April 2006 -

- Zur Erinnerung an eure goldene Hochzeit -

An eure goldene Hochzeit dachten wir bei Zeiten,
und auch, es sei noch sooooo lange um sich vorzubereiten.
Aber die Zeit die rennt...
und plötzlich standen wir da mit unserem Talent,-
auf der Suche nach einem passenden Geschenk.
Wir überlegten und zerbrachen uns den Kopf,-
was könnt ihr gebrauchen, was fehlt euch denn noch ?
Der Möglichkeiten gibt es zwar viel, doch suchten wir ja etwas mit Stil:

Zum Anlaß dieser Feier wäre korrekt, eine Flasche vom Feinsten Sekt.
Also sind wir zum Feinkostladen gelaufen,
und taten sogar Champagner kaufen.
Wir hatten die Flasche und haben gedacht,-
ob euch der Inhalt wohl Freude macht ?
Wir entkorkten die Flasche also zum Test,
doch plötzlich hatten wir nur noch `nen Rest.
Und als wir dann hatten der Güte Gewähr,
da war die Flasche auch schon leer.
Nun haben wir hier von uns zum Gedenk`.
Nur noch die leere Flasche für euch als Geschenk.

Erneut fingen wir an nachzudenken,
was können wir euch bloß zur Hochzeit schenken ?
Da fiel uns Real in Uelzen ein, ein Sack voller Lebensmittel wäre fein.
So kauften wir Eier, Gemüse, Knoblauch und Brot,
dann habt ihr auch was in der Not.
Kaum zu Hause angekommen , fragten wir uns ganz beklommen,
ob damit vernünftiges Kochen denn auch funktioniert,-
also haben wir es ausprobiert.
Wir kochten und aßen mit viel Schwung,
denn Knoblauch hält ein`n bekanntlich ja jung,
Und als wir dann hatten der Güte Gewähr,
da waren die Nahrungsmittel auch schon leer.
Nun haben wir hier von uns zum Gedenk`,-
nur noch die Verpackung für euch als Geschenk.

Langsam plagte uns das Gewissen, wir dachten,-
wie wäre ein süßer Bissen ?
Aber kalorienarm , diät, sollte es sein, wir kauften etwas Exquisites ein.
Das Outfit edel, der Inhalt schön bunt,
das wäre genau etwas für diese Stund.
Àber um ganz sicher zu sein, schauten wir auch mal hinein, -

Und als jeder von uns nur ein winziges Stück probiert,
ist es dann leider passiert.
Bei so vielen Leuten, das ist rechnerisch nicht schwer,
war die Schachtel ruck zuck leer.
Nun haben wir hier von uns zum Gedenk`,-
die leere Schachtel für euch zum Geschenk.

Was schenken wir bloß dem goldenen Paar ? Etwas zum fit bleiben ?
das ist es, na klar.
Und wie hält man sich geistig am besten fit ? Rate mal, und Du rat mit.
Für manchen ja ein rotes Tuch... wir dachten an ein Rätzelbuch.
Am besten gefiel und das Rätzelheft Gong, da hättet ihr am meisten von.
Um ganz sicher zu sein, daß das ganze für euch auch nicht zu schwer,
machten wir uns über die Rätzel her.
Da überkam uns der Ehrgeiz, wir war`n wie besessen,
kein einziges Rätzel hab`n wir vergessen.
Und als wir dann hatten der Güte Gewähr, da war das Heft - jawoll -
nicht leer , sondern voll.
Was bleibt ist von uns ein Gedenk, dieser Gong für euch als Geschenk.

Und wieder standen wir da mit unserem Talent,
denn wir hatten noch immer kein Geschenk.
Wir waren verzweifelt, wußten nicht weiter,
die Suche danach war gar nicht mehr heiter.
Viele Prospekte haben wir gelesen,
bei Karstadt und Horten sind wir gewesen,
Nachts kamen wir nicht mehr zur Ruh`,-
Was schenken wir euch ? dachten wir immerzu.
Bei der Arbeit zerbrachen wir uns ständig den Kopf,-
Vielleicht eine Pflanze oder zum kochen `nen Topf?
Wie wär`s mit `ner Flasche Korn oder Magenbitter,-
`ner CD von Garry Glitter ?
Oder Musik von Freddy Quinn,- alles mögliche kam uns in den Sinn.
Bilder , Vasen, Uhren, Decken,- Schmuck oder Bücher ?
selbstgemachte Taschentücher ?
Geschirr, Besteck, Aschenbecher für uns Kinder zum Rauchen,
oder könnt ihr ein neues Skatblatt gebrauchen?
Bis wir endlich das richtige gefunden, vergingen viele, viele Stunden.
Denn, unsere Gabe sollte imponieren,
auf keinen Fall wollten wir uns damit blamieren.

Aber nun ist es endlich so weit:

Wir schenken euch etwas aus der guten alten Zeit.
Etwas um in Erinnerungen zu schweben, und etwas aus dem
heutigen Leben,
Ein Geschenk, was eure Sinne und euer Wohnzimmer erhellt,
und was - keine Angst - nicht aus dem Rahmen fällt.

(Das Goldpaar erhält nun ein schönes großes Bild wo sie mit allen
Kindern und Enkeln darauf sind .)

Melodie : Gold und Silber

Heute ist ein Jubeltag
ganz besond`rer Weise.
Es ist eurer Hochzeitstag,
hier in schönem Kreise.
Alle Sorgen, Müh` und Plag`
woll`n wir heut uns schenken.
50 schöner langer Jahr`
woll`n wir heut` gedenken.
5o schöner langer Jahr`
woll`n wir heut` gedenken.

Seht , wie blinkt es golden heut,
hier in dieser Runde.
So viel schönes kam auch heut`
aus so manchem Munde.
Denkt man doch im Silberhaar
gern` vergang`ner Zeiten .
Denkt man doch im Silberhaar
gern `vergang`ner Zeiten.

Aufgeschrieben am 18. 06. 2007 als Erinnerung an den
wunderschönen Vortrag unserer Tochter H e i d i zu unserem
Ehrentag der goldenen Hochzeit.

- Ich wünsche Euch Zeit -

Ich wünsche Euch nicht alle möglichen Gaben ---

ich wünsche Euch nur was die meisten nicht haben!

Ich wünsche Euch Zeit, Euch zu freu`n und zu lachen,

und wenn Ihr sie nutzt, könnt Ihr etwas draus machen!

Ich wünsche Euch Zeit , für Euer Tun und Euer Denken,

nicht nur für Euch selbst, sondern auch zum verschenken!

Ich wünsche Euch Zeit, nicht zum Hasten und Rennen,

sondern Zeit um Zufrieden sein zu können!

Ich wünsche Euch Zeit, nicht nur so zum vertreiben,

ich wünsche, sie möge Euch übrig bleiben !

Als Zeit für das Staunen und Zeit zum Vertrauen,

anstatt nach der Zeit auf die Uhr zu schauen !

Ich wünsche Euch Zeit , nach den Sternen zu greifen,

und Zeit um zu wachsen, das heißt um weiter zu reifen !

Ich wünsche Euch Zeit, neu zu hoffen, zu lieben,

es hat keinen Sinn, diese Zeit zu verschieben !

Ich wünsche Euch Zeit, weiterhin zu Euch selbst zu finden,

jeden Tag, jede Stunde als Glück zu empfinden!

Ich wünsche Euch Zeit, auch um Schuld zu vergeben,

ich wünsche Euch viel Zeit zu haben, um zu leben !

Wünsche von Paul J a n z e n, 50259 P u l h e i m zu unserer goldenen Hochzeit.

- Rede zu unserer goldenen Hochzeit -
(gehalten vom Jugendfreund Paul Janzen)

Liebe Ida, lieber Günther!
Vor mehr als 50 Jahr lerntet Ihr Euch kennen, vielleicht sogar im
Wonnemonat Mai? Auf jeden Fall war Symphathie dabei.
Es war erst zarte Sehnsucht -süßes Hoffen - der ersten Liebe goldne Zeit,
das Auge sah den Himmel offen, es schwelgt das Herz vor Seligkeit!
Oh - das sie ewig grünen bliebe, die schöne Zeit der jungen Liebe.
Ida sagte manchmal wohl ganz leis, das kein Feuer keine Kohle kann
brennen so heiß - als heimliche Liebe , von der Günther noch nichts weiß!

Und Günthers Vorsatz damals hieß, „ der Rose Duft genügt - man braucht
sie nicht zu brechen - den wer sich mit dem Duft begnügt - den wird der
Dorn nicht stechen.

Doch eines bringe ich jetzt noch hier - von Wilh. Busch - etwas
abgewandelt zu Papier :
Ratsam ist und bleibt es immer - für ein junges Frauenzimmer - einen
Mann sich zu erwählen - und womöglich zu vermählen -.
Erstens: weil es so ist Brauch, Zweitens: Will man`s selber auch,
Drittens: man bedarf der Leitung - und der männlichen Begleitung -
weil bekanntlich manche Sachen - welche große Freude machen,
Mädchen nicht allein verstehen - als da wär`n - na ja man wird schon
sehn.
Liebe sagt man - schön und richtig - ist ein Ding - das äußerst wichtig -
nicht nur zieht man in Betracht - was man selber damit macht - nein - man
ist in solchen Sachen - auch gespannt was andre machen.
Liebes Goldpaar !
Die Zeit verging, wie`s halt so ist, man hat zuerst noch heimlich sich
geküßt - und hielt am Händchen sich ganz scheu!
Kein lautes Wort sie tauschten - nur seliges - inneres lauschen.
Nur Glanz und Duft - die Welt lag wie verklungen - nur
Glückserinnerungen - durchdrangen leis die Luft!
Die Tage wie im Flug vergingen - und jeder prüfte wohl auf seine eigne
Art - woran die schönsten Blumen man erkenne - natürlich an ihrer Blüte -
woran die besten Menschen man erkenne - natürlich an ihrem Gemüte.
Drum gib dein Herz um keine Krone - gib es einem der dich liebt - gib es
nur dem zum Lohne - der dafür sein eignes gibt,
Nachdem ihr euch habt ernst geprüft , schrittet ihr am 1. 4. 56 zum Altar
und sagtet laut vernehmlich ja !
Ein kleiner Ring begrenzt von nun an Euer Leben - er hat viel innere Kraft
Euch stets gegeben!

Ihr standet stets an der Windseite des Lebens, doch nahmt ihr niemandem die Sonne.
Ihr ward eine Familie, zwar anfangs noch so klein - doch zwei Marjelches und drei Lorbasse im lauf der Jahr sich stellten ein.

Liebe Ida, lieber Günther!
(Familie Janzen überreicht uns als Geschenk zur goldenen Hochzeit eine uhrige Schieferplatte worauf 50 Centstücke als Jahreszahl 50 aufgeklebt sind)
50 Jahre Ehe, steht nun überall geschrieben - Mensch wo ist die Zeit geblieben? Drum hab ich hier so mit der Zeit, euch 50 Münzen aufgereiht!
Und jedes dieser Exemplare steht für eins Eurer Ehejahre.
Doch ihr erkennt wohl sicher leicht, das keine einer andren gleicht!
Da gibt es nämlich manches Stück , das glänzt und strahlt vor lauter Glück, und dieses steht dann für ein Jahr, was für Euch stets sehr glücklich war , daneben ist dann aber doch so manche dunkle Münze noch. Diese zeugen von den Jahren, die sicher nicht die besten waren , es hat ja wohl in jedem Leben, stets Licht und Schatten mal gegeben.
Nun hört von mir mal ganz privat, den wohlgemeinten Rat:
Zieht Euch mit diesem guten Stück ins stille Kämmerlein zurück, und macht für Euch alleine nur, einmal Bilanz und Inventur - per Saldo wird sich dann ergeben, es war bis jetzt ein ganz erfülltes Leben.
Und nun zum Schluß, ich sag`s euch offen, laßt uns für die Zukunft hoffen, das noch viele Münzen strahlend sich finden hier auf diesem Schiefer ein.

Liebes Goldpaar!
Wir alle hier, wir eure Gäste, Euch wünschen nur das Allerbeste , viel Sonnenschein aus allen Wegen, Gesundheit und auch
„ Gottes Segen „

Paul Janzen, 50259 Pulheim

Zur Erinnerung an die goldene Hochzeit .

Das goldene Paar mit dem jüngsten Enkelkind „ Lara „
(gefeiert am 01. 04. 2006)

- Notizen -

- *Notizen* -

- Notizen -

- *Notizen* -

- Notizen -

- Notizen -

- Notizen -

- Notizen -

- Notizen -